COLLECTION COTTINI

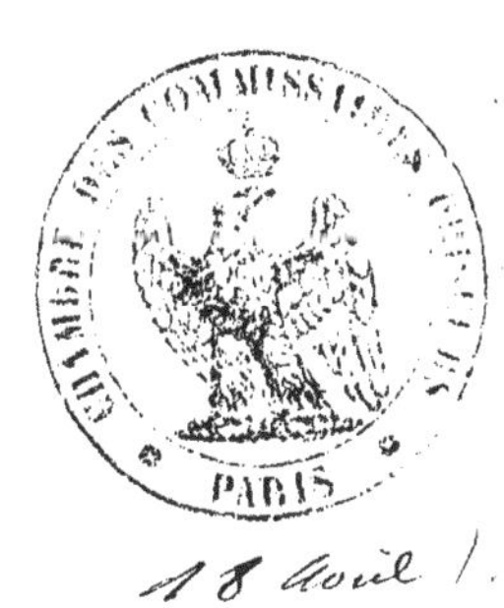

RENOU & MAULDE

IMPRIMEURS DE LA COMPAGNIE DES COMMISSAIRES-PRISEURS

Rue de Rivoli, 144.

CATALOGUE

DE

TABLEAUX

DES MAITRES

ITALIENS, ESPAGNOLS, FRANÇAIS, FLAMANDS, HOLLANDAIS & ALLEMANDS

COMPOSANT

LA COLLECTION C. COTTINI

DONT LA VENTE AURA LIEU

HOTEL DROUOT

SALLE N° 7

Le Samedi 21 Avril 1866

A DEUX HEURES

Par le ministère de **M⁶ ESCRIBE**, Commissaire-Priseur,
rue Saint-Honoré, 217,

Assisté de M. **CH. ROUILLARD**, Peintre-Expert,
rue Neuve-Saint-Étienne-du-Mont, 13,

Chez lesquels se distribue le Catalogue.

EXPOSITION PARTICULIÈRE

Le JEUDI 19 Avril 1866, de une heure à cinq heures.

EXPOSITION PUBLIQUE

Le VENDREDI 20 Avril 1866, de une heure à cinq heures.

PARIS — 1866

CONDITIONS DE LA VENTE

Elle sera faite au comptant.

Les Acquéreurs paieront, en sus de leurs adjudications CINQ POUR CENT, applicables aux frais.

CE CATALOGUE SE TROUVE :

A Paris .... Chez MM.	**ESCRIBE** ,	Commissaire-Priseur, rue Saint-Honoré, 217.
Id.	—	CH. ROUILLARD, Expert, rue Neuve-Saint-Étienne-du-Mont, 13.
A Londres	—	CONALGHI, 14, Pall, — Mall, — East-
Id.	—	JOHN-WEBB, 22, Cork-Street Burling. ton-Garden.
Id.	—	H. DURLACHER, 113, New Bord Street.
Id.	—	ANNOOT, 16, Old-Bond Street.
Id. ..:	—	GAMBAT, 120, Pall-Mall.
A Bruxelles	—	ÉT. LEROY, 12, place du Gr^d-Sablon.
A Rotterdam	—	LAMME, Conservateur du Musée.
A La Haye	—	VAN GOGH, Marchand d'Estampes.
A Berlin	—	FIOCATI, 21, unter den Linden.
Id.	—	LEPKE, 12, unter den Linden.
A Vienne	—	ARTARIA et Cie.
Id.	—	Maison GOUPIL, représent. M. KAESER.
A Francfort-s^r-Mein.	—	LŒVINSTEINS frères, Zeil.

AVANT-PROPOS

La Collection que nous offrons aujourd'hui au Public, a été formée depuis de longues années, par un Amateur dont les lumières ont souvent fait autorité, et dont les convictions ont toujours été sincères ; nous ne prétendons pas les imposer ; mais nous sommes persuadés qu'elles seront justifiées par l'assentiment des Connaisseurs.

Convaincus que cette Collection renferme des œuvres d'une valeur réelle, nous avons pensé qu'il était plus digne de laisser aux Amateurs toute liberté dans leurs appréciations, nous contentant, dans le Catalogue, de décrire simplement les sujets.

C'est la meilleure preuve que nous puissions donner au Public, que nous avons pleine confiance dans les jugements qu'il pourra porter sur les œuvres que nous allons soumettre à son appréciation éclairée.

Ch. ROUILLARD.

DÉSIGNATION

DES

TABLEAUX

ÉCOLE ITALIENNE

ALLORI (CHRISTOFANO)

1 — Mort de Virginie.

Le centurion Virginius brandit l'arme meurtrière avec laquelle il vient de frapper sa fille.

Toile.—H. 1,27 c. L. 1,08 c.

CARRACCI (ANNIBALE)

2 — Saint Jean-Baptiste.

Le saint est assis au pied d'un grand arbre, sur une pierre recouverte d'une peau de mouton.

Son corps, vu de profil, est en partie abrité par une longue draperie jetée sur l'épaule gauche.

Le bras droit, étendu dans la direction du Christ qu'on aperçoit à distance, signale l'arrivée de celui qu'il a annoncé.

(Gravé). Toile.—H. 1,18 c. L. 0,93 c.

CERQUOZZI (dit Michel-Ange des Batailles)

3 — Aqua Acetosa.

Vue de cette célèbre fontaine des environs de Rome.

L'affluence des visiteurs, la richesse et la diversité de leurs costumes indiquent de quelle réputation ces eaux jouissaient alors.

Ce tableau est décrit dans l'œuvre de d'Argenville et cité comme le plus capital de Cerquozzi.

Toile.—H. 1,30 c. L. 1,85 c.

CORRÉGIO (Antonio-Allegri dit il)

4 — La Guerre des Amours.

Cette composition allégorique représente une tour immense, au milieu d'un paysage, et décorée vers le sommet de bouquets de fleurs et de fruits.

Deux étendards de couleur, l'un vert et violet, l'autre blanc et jaune avec une étoile au milieu, se déploient de chaque côté à la même hauteur.

Quatorze petits Amours nus font le siège de cette forteresse défendue par trois autres.

Au bas de la tour, sont deux groupes de petits Amours.

A droite, un d'eux, vu de dos, tire son arc, et un autre présente son bouclier, tandis que deux autres sont occupés à pointer un canon, le cinquième présente la mèche allumée; le sixième porte une pique sur son épaule, le septième et dernier de ce groupe, placé au second plan, sonne du cornet pour appeler du secours.

A gauche, un Amour blessé est renversé les jambes en l'air; un second, vu de profil, tire son arc, aidé par trois autres qui se précipitent vers le combat.

De l'échelle placée à droite, tombe un petit Amour blessé; sur l'échelle de gauche, un assaillant grimpe, protégé par son bouclier, et atteint presque le faîte de la forteresse; mais il est repoussé à coups de lance.

Au milieu, comme une statue sur un piédestal immense, un petit Amour ailé debout et ajustant son arc, domine toute la composition; tandis que le troisième des défenseurs décoche aussi une flèche à droite.

La tournure de ces enfants, si gracieux, si bien modelés, si bien dessinés dans toutes les attitudes, avec des raccourcis savants et des mouvements variés à l'infini, indique, comme l'ensemble du tableau, la manière supérieure du grand maître de Parme.

Les contours sont vagues quoique le dessin soit correct; car on sait que Corrége dessinait au pinceau comme tous les maîtres coloristes.

On retrouve d'ailleurs, dans toutes les grandes compositions du Corrége, les mêmes types d'enfants, leurs coiffures, leurs attitudes gracieuses et un peu maniérées.

Un ouvrage reproduisant les fresques découvertes dans le couvent de San-Paolo à Parme, sera soumis au public et lui permettra de comparer et de retrouver les types et les attitudes de ces dix-sept enfants.

Toile.—H. 1,70 c., L. 0,96 c.

CORRÉGIO (Antonio-Allegri dit il)

5 — La Madeleine.

Représentée à mi-corps et de face, la Madeleine, les yeux tournés vers le ciel et les cheveux flottants sur ses épaules nues, élève la main droite vers sa poitrine.

Un calice est près d'elle. Sa main gauche, appuyée sur une pierre, tient une couronne d'épines.

Toile.—H. 0,90 c., L. 0,71 1/2.

CORRÉGIO (Antonio-Allegri dit il)

6 — Portrait du Peintre sous les traits d'un moine.

A l'entrée d'une grotte, tenant un chapelet entre ses mains croisées, il est agenouillé devant une croix et prie avec la plus grande ferveur.

Cuivre.—H. 0,17 c., L. 0,13 c.

DOLCI (Carlo)

7 — Le Christ au Roseau.

Sa tête est couronnée d'épines.
Ses traits expriment la tristesse, la douleur et la résignation.

Ovale sur cuivre.—H. 0,27 c., l. 0,20 c.

GIORGIONE (Barbarelli)

8 — Vénus couchée.

Dans un paysage, Vénus étendue sur des draperies, est représentée nue et sous les traits d'une toute jeune fille.

Elle est vue de dos. Sa figure souriante est inclinée en arrière vers l'épaule gauche.

Toile.—H. 0,96 c., L. 1,18 c.

GIORGIONE (Barbarelli)

9 — Sainte Cécile.

Vue à mi-corps et assise, près d'un orgue, sainte Cécile tient une viole de la main droite.

La tête et la main gauche levées vers le ciel, elle semble écouter, dans le ravissement, les accents d'une musique céleste.

Toile.—H. 1,20 c., L. 0,98 c.

GUERCINO

10 — Eliézer et Rébecca.

Debout, Rébecca soutient des deux mains une cruche posée sur la margelle d'un puits.

Éliézer s'avance vers elle, suivi d'un serviteur qui tient un chameau par la bride.

Ces trois figures, vues à mi-corps, sont plus grandes que nature.

Toile.—H. 1,25 c., L. 1,99 c.

PALMA (Junior)

11 — Assomption de la Vierge.

La Sainte Vierge est soutenue et portée au ciel par des anges.

Près du large tombeau de pierre dont elle vient de sortir, sont des spectateurs et des apôtres parmi lesquels on reconnaît saint Pierre.

Toile.—H. 1,26 c., L. 1,43 c.

RENI (Guido)

12 — Judith et Holopherne.

Vue debout et à mi-corps, Judith tient une épée de la main droite et de la gauche la tête sanglante d'Holopherne qu'elle se dispose à mettre dans un sac que lui présente son esclave.

Toile.—H. 1,48 c., L. 1,15 c.

ROMANO (Guilio-Pippi di)

13 — La Vierge et l'Enfant Jésus.

Jésus, debout sur une balustrade, passe le bras gauche autour du col de sa mère et de la main droite indique le ciel. La Vierge, debout, soutient son fils de la main droite et de la gauche montre la terre.

Toile.—H. 1,19 c. L. 0,95 c.

ROSA (Salvator)

14 — Abraham et Sara offrant à Dieu un sacrifice.

Dans un paysage, au pied d'un temple en ruine, Sara prosternée et Abraham debout regardent l'ange qui fait jaillir la flamme qui doit consumer l'agneau offert en sacrifice.

Toile.—H. 0,83 c. L. 0,96 c.

SARTO (Andréa del)

15 — Saint Joseph.

Pieds nus et debout, saint Joseph vêtu d'une tunique jaune recouverte d'une draperie rouge, tient de la main droite une longue baguette.
Ses regards sont fixés sur un ange qui déroule devant lui une bandorole sur laquelle on lit : *Uxor tua concepit.*

Toile.—H. 1,47 c. L. 0,63 c.

SÉBASTIEN DEL PIOMBO (Luciano di)

16 — Saint Sébastien.

Il est attaché à un arbre, le corps percé de flèches. Un casque et un carquois sont à ses pieds.

Toile.—H. 1,82 c. L. 0,75 c.

SÉBASTIEN DEL PIOMBO (Luciano di)

17 — Saint Roch.

Dans le ravissement, les yeux tournés vers le ciel, le saint aperçoit un ange qui lui indique de la main et du regard un chien qui lui apporte sa nourriture.

Un autre soulève le bas de la draperie qui recouvre le corps du saint et met à découvert une plaie qu'il a sur la cuisse.

Ils sont représentés en pied et de grandeur naturelle.

Dans ces deux toiles, on reconnaît le dessin de Michel-Ange et le coloris de Sébastien del Piombo.

Toile.—H. 1.82 c. L. 0,75 c.

SODOMA (Razzi-Jean-Antoine di)

18 — Tête de vierge.

Les yeux sont baissés et la tête recouverte d'une draperie blanche.
Les œuvres de ce maître sont très-rares.

Toile.—H. 0,31 c. L. 0,25 c.

TINTORETTO (Rabusti di)

19 — Le Paradis.

Les élus contemplent et adorent les trois personnes de la Sainte Trinité, réunies dans une gloire.

Toile.—H. 0,85 c. L. 2,35 c.

TIZIANO (Vecellio)

20 — L'Amour profane.

Dans un paysage, Vénus s'appuie de la main droite sur le bord d'une baignoire en pierre et de l'autre tient une cassolette.

L'Amour agite l'eau de cette baignoire sur laquelle se voient des bas-reliefs sculptés.

Titien a traité trois fois ce sujet. Ses compositions ne diffèrent entre elles que par des changements ou additions sans importance. Ainsi, l'une d'elles, celle de la galerie du prince Borghèse, à Rome, a une figure de plus que les deux autres ; elle est connue sous la désignation de : Amour profane et Amour sacré.

Celle-ci, d'après laquelle a été faite la gravure ci-jointe, ne diffère du tableau exhibé que dans les accessoires et les fonds du paysage ; mais la Vénus de cette exposition est la première en date des trois compositions dans lesquelles Titien a traité le sujet de l'Amour profane.

En voici les raisons : Le sein droit de la Vénus a deux boutons ; l'un est un repentir très-apparent. Le bas-relief offre des différences notables avec celui de la gravure. Enfin, dans le paysage, le clocher qui se voit à l'horizon n'est qu'un repentir du maître et ne se trouve pas dans la gravure ; mais on le voit dans la composition de la galerie Borghèse. Le paysage du tableau de la collection diffère, en beaucoup de points, de celui de la gravure.

Ces particularités prouvent de la manière la plus certaine l'originalité de ce tableau et nous les indiquons bien que cela soit tout à fait inutile en présence d'un chef-d'œuvre de cet ordre.

Toile.—H. 1,28 c. L. 1,28 c.

TIZIANO (Vecellio)

21 — Portrait de Femme. (Gravé.)

Vue de trois quarts et à mi-corps.

La tête blonde à demi couverte d'une toque noire garnie de plumes blanches et le sein gauche découvert.

Cette jeune femme ajuste de la main gauche une draperie blanche qui recouvre en partie ses bras et sur laquelle retombe une longue draperie rouge qu'elle soutient de l'autre main.

Elle porte un collier de perles blanches, un bracelet en or et des bagues enrichies de pierreries.

A la Bibliothèque impériale, dans l'œuvre du Titien, « quatrième volume, page 52, » on trouve la gravure avec cette inscription latine :

Ecce viro quæ grata suo est nec pulchrior ulla
   Pignora coniugii ventra pudica gerit.
Sed tamen an virum an mortua picta tabella
   Haec Magni Titiani, arte notanda refert.

Toile ovale.—H. 0,83 c. L. 0,66 c.

VÉRONÈSE (Paolo Caliari)

22 — Sainte Famille.

La Sainte Vierge, debout, va donner le sein à l'Enfant Jésus placé devant elle dans un berceau. Près d'elle est saint Joseph appuyé sur un bâton et dont on ne voit que la tête et le buste.

Sur la gauche, sainte Catherine, debout, effleure de la main droite les langes placés sous le divin Enfant. Ses cheveux blonds et flottants sont entrelacés de perles et de pierres précieuses.

La gravure ci-jointe reproduit la composition de Véronèse qui est dans la fameuse Tribune de Florence et qui ne diffère de celle que nous présentons au public que par l'addition de l'enfant saint Jean, que ce maître représente embrassant et soutenant, de la main droite, le pied de Jésus, tandis que de l'autre il tient deux bâtons formant la croix.

Dans la gravure, il faut remarquer que saint Joseph appuie sa main gauche sur l'épaule de saint Jean placé devant lui, au lieu que dans la composition exhibée il s'appuie sur un bâton.

Dans les deux compositions les fonds et les accessoires sont tout à fait les mêmes, et nous devons ajouter qu'elles sont tout à fait identiques comme mérite artistique.

Toile.—H. 0,99 c. L. 1,22 c.

VÉRONÈSE (Paolo Caliari)

23 — Adoration des Bergers.

La Vierge penchée soulève les langes et découvre aux regards des bergers le divin Enfant couché dans une corbeille posée à ses pieds.

A gauche de Marie, un berger contemple l'enfant s'appuyant d'une main sur un bâton et de l'autre à terre.

A droite, un autre berger regarde appuyé aux cornes d'un bœuf couché près du berceau.

Un peu en arrière, près de la Vierge et devant une colonne, saint Joseph, debout, parait présenter l'enfant à deux bergers, dont l'un porte un agneau dans ses bras.

Un âne, un chien et un agneau complètent la scène.

A gauche, au second plan, un paysage et une chaumière.

(Gravé). Toile.—H. 0,95 c. L. 1,20 c.

VÉRONÈSE (Paolo Caliari)

24 — Tête de Femme.

Elle est vue de trois quarts. Son abondante chevelure blonde flotte sur ses épaules recouvertes d'une draperie rouge.

Sa chevelure, ses oreilles et son col sont ornés de perles fines.

Bois.—H. 0,42 c. L. 0,35 c.

VÉRONÈSE (Paolo Caliari)

25 — Tête de Femme. (Pendant de la précédente.)

Elle est représentée de trois quarts et les cheveux nattés sur le sommet de la tête.

Une draperie verte, jetée sur ses épaules, laisse son col à découvert.

Ses oreilles sont ornées de perles blanches.

Bois.—H. 0,42 c. L. 0.35 c.

VÉRONÈSE (Carletto)

26 — Martyre d'une Reine.

Sous le portique d'un édifice, un proconsul assis sur un siége élevé et entouré de vieillards et de guerriers, prononce la sentence de mort d'une reine. Celle-ci agenouillée, les yeux tournés vers le ciel, implore la miséricorde divine. Derrière elle, le cheval blanc fougueux que l'on amène, semble indiquer le genre de supplice qui lui est réservé.

A gauche, un personnage à cheval, une femme et un jeune nègre regardent avec effroi cette scène terrible.

Au fond, un beau paysage.

Toile.—H. 1,06 c. L. 1,42 c.

ÉCOLE ESPAGNOLE

CANO (Alonzo)

27 — Saint Ferrer.

Le saint Évêque est représenté debout.

Près de lui, un ange porte sa crosse épiscopale.

Sur le côté droit du tableau, sont représentés les principaux épisodes de sa vie et ses nombreux miracles.

Dans le fond, une ville ornée de monuments.

Toile.—H. 1,79. c. L. 1,33 c.

CANO (ALONZO)

28 — Un saint Évêque.

Il est visité par des anges.

Un d'eux porte sa crosse épiscopale, un autre la couronne et la palme du martyre.

Toile.—H. 0,77 c. L. 0,51 c.

MURILLO (ESTEBAN)

29 — Paysage avec figures.

Vers le milieu du tableau, au premier plan, un pâtre assis s'entretient avec une jeune femme, debout appuyée sur une espèce de houlette. Près d'eux, à terre, sont déposés une cruche, un panier et d'autres ustensiles.

A gauche, un jeune paysan tire de l'eau d'un puits. A côté de lui, un troupeau de moutons vient se désaltérer dans une auge en pierre qu'abrite un grand arbre.

A droite d'un chemin qui se perd derrière des maisons, un âne et un autre troupeau de moutons conduits par un berger.

Au second plan, des arbres et une tourelle.

A l'horizon, un ciel lumineux et des montagnes.

Toile.—H. 1,06 c. L. 1,64 c.

MURILLO (ESTEBAN)

30 — L'Éducation de la Vierge.

Assise près d'une colonne, le coude appuyé sur une balustrade, sainte Anne tient entre ses genoux la sainte Vierge enfant, et soutient de la main gauche un livre dans lequel la jeune Marie apprend à lire.

Toile.—H. 1,24 c. L. 0,84 c.

MURILLO (ESTEBAN)

31 — Le Joueur de musette.

Assis sur un banc de pierre, un vieux mendiant, les cheveux flottants, les yeux rouges, chantonne en s'accompagnant de son instrument. Son visage est empreint de la plus grande bonhomie.

Ses vêtements couleur marron sont percés à plusieurs endroits.

Toile.—H. 0,80 c. L. 0,64 c.

MURILLO (Esteban)

32 — La Fuite en Égypte.

Dans un paysage, la Vierge, l'Enfant Jésus et saint Joseph accomplissent leur voyage, suivis par des anges.

Toile.—H. 0,51 c. L. 0,66 c.

MURILLO (Esteban)

33 — Portrait d'une marquise.

Elle est assise et représentée à mi-corps, vêtue d'une robe de velours noir décolletée et bordée de guipure blanche. Ses manches se terminent par des bouffants blancs garnis de plusieurs rangs de guipure.

Sur son éventail, on voit quelques mots, dont celui de Marchese est seul lisible.

Toile ovale.—H. 0,88 c. L. 0,76 c.

MURILLO (Fsteban)

34 — Saint Antoine de Padoue.

Le Saint, agenouillé, embrasse l'Enfant Jésus, qu'il porte dans ses bras.

Celui-ci lui caresse le visage en souriant.

Toile.—H. 0,49 c. L. 0,37 c.

RIBERA (dit l'Espagnolet)

35 — Sainte Famille.

L'Enfant Jésus, assis sur les genoux de la Vierge, reçoit des pommes que lui présente saint Jean, agenouillé à ses pieds, tout en retournant la tête et prêtant la plus grande attention aux chants de deux anges placés à sa droite.

A gauche de la composition, saint Joseph est distrait de sa lecture par le concert céleste.

Dans ce tableau, le dessin est dans le goût du Corrége.

Toile.—H. 1,30 c. L. 0,99 c.

RIBERA (dit l'Espagnolet)

36 — Rixe à la suite du jeu.

A la suite d'une querelle de jeu, deux hommes se battent. Un d'eux, le pied sur le genou de son adversaire, d'une main lui arrache ses vêtements, et de l'autre élève une cruche dont il veut le frapper. Il est retenu, d'un côté, par un jeune homme coiffé d'un feutre gris, et de l'autre par une femme âgée. Un chien blanc se précipite sur lui et met sa manche en lambeaux.

L'autre combattant, d'une main, serre la gorge de son adversaire, et de l'autre, le menaçant d'un couteau, est contenu par une jeune femme.

Au bas, une bouteille cassée et des cartes dispersées.

Toile.—H. 1,09 c. L. 1,44 c.

VELASQUEZ DA SYLVA (Don Diégo)

37 — Bellone.

Elle est représentée en pied et assise, la tête levée et nue, les cheveux épars.

La main gauche porte sur un bouclier, la droite sur un casque orné de plumes blanches et rouges.

Son costume, composé de draperies aux couleurs éclatantes et tranchées, blanches, jaunes et rouges, laisse à découvert le côté droit du buste, ainsi que la jambe gauche.

Toile.—H. 1,48 c. L. 1,02 c.

VELASQUEZ DA SYLVA (Don Diégo)

38 — La Marchande.

Dans un paysage, une jeune marchande assise au pied de deux arbres entrelacés, la main appuyée sur le bord d'un pommier rempli de pommes, indique du doigt des raves qu'une jeune fille penchée au-dessus d'un banc de pierre lui marchande.

Un jeune garçon couvert de vêtements en lambeaux, pose la main, qui tient une pomme entamée, sur l'épaule de la marchande. Il paraît attentif aux débats qui s'établissent entre elles.

Toile.—H. 1,64 c. L. 1,22 c.

VELASQUEZ DA SYLVA (Don Diégo)

39 — Paysage avec figures.

Cette vallée, parsemée de collines, est traversée par une rivière sur laquelle un pont est jeté.

Ce site accidenté est animé par de nombreuses figures, et par quelques groupes d'animaux.

Toile ovale.—H. 0,75 c. L. 0,91 c.

VELASQUEZ DA SYLVA (Don Diéco)

40 — Paysage avec figures.

Sur la lisière d'un bois, des cavaliers et des piétons cheminent en sens divers, sur une route qui paraît conduire à une ville.

Toile.—H. 0,76 c. L. 0,39 c.

VELASQUEZ DA SYLVA (Don Diégo)

41 — Halte de Chasseurs. (Esquisse.)

A l'entrée d'un bois, deux chasseurs suivis de deux lévriers. L'un d'eux est assis sur une espèce de banc de pierre, et l'autre se tient debout, appuyé sur l'épaule de son camarade.

Un peu en avant, une jeune femme, tout en déposant une corbeille de fruits, se détourne pour regarder ce qui se passe plus loin à sa gauche.

A droite, deux petites filles jouent ensemble : l'une d'elles tient un bouquet de fleurs.

Toile.—H. 0,29 c. L. 0,33 c.

ÉCOLES ALLEMANDE, FLAMANDE & HOLLANDAISE

DURER (Albert)

42 — Descente de croix.

Dans cette composition, Albert Durer s'est peint sous les traits du Christ; Agnès Frey, sa femme, est représentée parmi les saintes femmes coiffée d'un turban rouge, et plusieurs de ses amis, dont les portraits sont reproduits dans la collection des dessins de ce maitre, que le Louvre possède, lui ont servi de modèles, entre autres Willibad [Pickheimer, pour représenter le personnage de Nicodème.

* A gauche, on aperçoit des monuments qui indiquent la ville de Jérusalem.

Les tableaux d'Albert Durer sont si rares que ni le musée du Louvre ni celui de Londres n'en possèdent.

Sur le vase placé aux pieds du Christ est la signature en lettres allemandes, et la date 1521.

Bois.—H. 0,73 c. L. 1,75 c.

HELST (Van der)

43 — Portrait d'homme.

Il est représenté en buste et à mi-corps. Il porte un large col blanc rabattu sur un costume foncé.

Toile.—H. 0,68 c. L. 0,56 c.

HOBBEMA (Minder Hout)

44 — Paysage avec figures, de Van de Velde.

Vers le milieu du tableau, au bas d'un tertre, un chasseur est assis. Il a la tête nue et tient, de la main gauche, un chapeau garni de plumes. Une meute de chiens est auprès de lui.

A l'extrémité d'un chemin creux qui se perd au loin, derrière des maisons rustiques, débouchent un berger et ses moutons.

Au centre, deux pêcheurs qui cheminent en causant.

Plus avant, trois chiens qui paraissent suivre une piste.

A gauche, sur le premier plan, un chasseur tient un cheval brun par la bride.

A l'horizon, une nappe d'eau et un clocher.

A droite, une grande chaumière entourée d'arbres et de taillis, et à l'angle de laquelle on aperçoit un étang bordé d'arbres.

Bois.—H. 0,52 c. L. 0,83 c.

DYCK (Antoine van)

45 — Le Lever de Vénus.

Debout près du lit qu'elle vient de quitter, Vénus, le doigt levé en signe de menace, réprimande l'Amour, qui cherche à écarter la draperie noire doublée de fourrure qu'elle tient de la main droite.

Toile.—H. 1,69 c. L. 0,99 c.

DYCK (Antoine van)

46 — Portrait présumé du président Richardot.

Il est représenté tête nue, vu en buste et de trois quarts. Costume noir et col orné d'une fraise.

Dans le haut du tableau, on voit cette inscription écrite en lettres d'or :

Aetatis suæ 70. Anno 1613. VVD fecit aetatis suæ 14.

DYCK (Antoine van)

47 — Portrait du prince Rupert.

Il est vu de trois quarts. Son buste est recouvert d'une armure sur laquelle retombe un large col de dentelle.

Toile.—H. 0,61 c. L. 0,51 c.

DYCK (Antoine van)

48 — Crucifiement de saint Pierre.

Des soldats dressent la croix sur laquelle saint Pierre est attaché la tête en bas.

Toile.—H. 2,10 c. L. 1,19 c.

DYCK (Antoine van)

49 — La Flagellation. (Esquisse.)

Le Christ, assis sur un banc placé au pied d'une colonne, est insulté et frappé de verges.

Toile.—H. 0,34 c. L. 0,21 c.

METZU (Gabriel)

50 — Intérieur de salon.

Une jeune femme, vêtue d'une robe de satin blanc à reflets verdâtres et dont le col est orné d'un collier de perles fines, est représentée debout et vue de profil. Elle donne, en souriant, la main gauche à un cavalier dont elle est séparée par une table recouverte d'un tapis aux couleurs éclatantes, sur lequel est posé un plateau contenant des oranges.

Le cavalier, richement vêtu et coiffé d'un chapeau à larges bords, tient un verre de la main droite.

Près de lui, un second personnage, debout, la tête decouverte, prend part à la conversation.

A droite, une autre femme assise, vue de face et habillée d'un surtout de satin cerise, qui laisse voir une jupe de satin blanc, et dont le costume est enrichi de perles et de brocarts d'or, détourne un peu la tête et cherche à faire cesser les jappements d'un petit chien épagneul.

Derrière son fauteuil, un paravent sur lequel un manteau est posé.

Dans le fond du salon, un tableau paysage bordé d'un cadre sculpté.

Toile.—H. 0,85 c. L. 0,70 c.

OSTADE (Adriaan van)

51 — Son Portrait.

L'Artiste s'est représenté en buste et de trois quarts, la tête coiffée d'un chapeau rond à larges bords. Sa lèvre supérieure est garnie d'une moustache retroussée. Costume noir rehaussé d'une collerette plissée.

H. 0,69 c. L. 0,53 c.

OSTADE (Adriaan van)

52 — Festin villageois.

Dans une hôtellerie, des paysans réunis autour d'une table écoutent, en buvant et en fumant, les chants d'une femme qu'un joueur de cornemuse accompagne. A gauche, deux hommes assis à une autre table. Au fond, d'autres groupes. A terre, des ustensiles dispersés çà et là.

Bois.—H. 0,22 c. L. 0,47 c.

POTTER (Paulus)

53 — Animaux dans un paysage.

A gauche, sur le premier plan, à l'ombre d'un grand arbre, une vache vue de face, à la robe jaune, à la tête blanche, est couchée sur un carré d'herbages.

Derrière elle, un jeune taureau semble arriver. Sa robe est brune et sa tête marquée de taches blanches.

Au centre, une chèvre noire et blanche.

A droite, une vache noire mélangée de blanc, de taille élevée et vue en croupe.

Dans le lointain, de l'eau et une prairie avec des animaux gardés par deux paysannes.

A l'horizon, un clocher.

Sur le premier plan, dans le bas à gauche, parmi les herbages, la signature :

Paulus Potter F. (1650).

Toile.—H. 0,87 c. L. 0,73 c.

REMBRANDT (Van Ryn)

54 — Paysage avec figures.

Au pied d'une vallée montueuse et parsemée d'habitations, roule un torrent qui va tombant de rocher en rocher, sur lesquels des pêcheurs sont placés çà et là.

Toile.—H. 0,66 c. L. 0,82 c.

REMBRANDT (Van Ryn)

55 — Le Portrait de son Fils.

Il est représenté en buste et de trois quarts.

Ses cheveux longs et bouclés sont ornés sur le côté droit de la tête d'une aigrette d'or enrichie de pierres précieuses et de plumes rouges et blanches.

Costume de velours noir avec manches blanches et rehaussé d'une collerette tuyautée. Sur sa poitrine, deux chaînes dont l'une à médaillon d'or avec émeraudes et grenats alternés, l'autre à gros grains d'argent.

Toile.—H. 52 c. L. 37 c.

RUBENS (PIERRE-PAUL)

56 — Portrait d'Homme pinçant de la guitare.

Il est assis, vu de trois quarts et en buste.
Costume noir, avec manchettes relevées et garnies de dentelle blanche.
A son col, une large fraise brodée de dentelle.
Au côté gauche il porte une épée.

Toile.—H. 90 c. L. 70 c.

RUBENS (PIERRE-PAUL). ESQUISSES.

57 — Épisodes de la vie de Cléopâtre :

1° Réception d'Antoine à la cour de Cléopâtre;

2° Antoine fait présenter à Cléopâtre une couronne et un sceptre;

3° Antoine et Cléopâtre examinent les plans d'un temple;

4° Cléopâtre, suivie de ses femmes, offre un taureau blanc en sacrifice.

Ce sont les esquisses des quatre tableaux que l'on voit au musée royal de Madrid.

M. Viardot les a cités dans son ouvrage sous la dénomination de Quatre sujets allégoriques.

Toile.—H. 75 c. L. 51 c.

TERBURG (GÉRARD)

58 — Jeu de bagues.

Au premier plan, quinze cavaliers confédérés sous le patronage de saint Georges s'exercent au jeu de bagues en présence d'un grand nombre de spectateurs. Parmi eux, on reconnaît Guillaume II de Nassau, prince d'Orange, qui fut stathouder de Hollande et père de Guillaume III, roi d'Angleterre. Il est le troisième, en commençant par la droite, des huit cavaliers qui sont alignés devant le bâtiment.

Terburg lui-même, portant son carton et suivi de son chien, s'est représenté à droite, causant avec un ami.

A la Haye, dans une salle principale de l'hôtel du vieux Doelen, qui était alors le lieu de réunion de ces confédérés, on voit encore les portraits des quinze chevaliers de Saint-Georges représentés en buste.

Composition de soixante-cinq figures.

A droite, le monogramme T. B. G.

Toile.—H. 1,98 c. L. 1,20 c.

VELDE (Adriaan van den)

59 — Paysage avec animaux.

Au premier plan, un chien et quatre bœufs précédés d'un troupeau composé d'un bélier, quatre moutons et deux chèvres.

Ces animaux sont suivis et dirigés par un berger, une femme et un jeune garçon.

A droite, des bouquets d'arbres et une maison.

Plus loin, des monticules.

Vers le milieu, au second plan, un lac bordé de quelques maisons.

A gauche, des arbres, et en bas, sur le devant, la signature A. V. Velde.

Toile.—H. 0,64 c. L. 0,83 c.

WYNANTS (Jan) et VELDE (Adriaan van den)

60 — Paysage avec figures.

Vaste paysage très-accidenté et borné à l'horizon par des montagnes.

Sur le premier plan, à droite, des taillis, et une mare dans un bas-fond.

A gauche, trois arbres et une butte derrière laquelle est un chemin creux d'où débouchent trois chasseurs à cheval précédés de leurs chiens.

Sur le devant, vers le milieu, un chasseur assis et tenant un chien en laisse indique du doigt, à un cavalier monté sur un cheval blanc, que le lièvre qu'il vient d'abattre lui est rapporté par un autre chasseur.

Sur les plans supérieurs, des chasseurs isolés, les uns à cheval, les autres à pied.

Toile.—H. 93 c. L. 1,50 c.

ÉCOLE FRANÇAISE

CHARDIN

61 — Portrait de Fronsac duc de Richelieu.

Il est représenté debout, de grandeur naturelle, et la figure vue de trois quarts.

Il a la tête nue et les cheveux poudrés. Sa main gauche est à moitié passée sous son habit rouge doublé de fourrure. La droite tient un tricorne.

Il porte un long gilet rouge et une culotte de même couleur, des bas blancs et des souliers à boucles.

Un jabot, des manchettes de dentelle et des revers de fourrure au col et aux manches complètent son costume.

Il porte la décoration de Saint-Louis et l'épée au côté.

Toile.—H. 1,93 c. L. 1,28 c.

CLAUDE GELÉE (dit LE LORRAIN)

62 — Paysage avec figures.

Sur le premier plan, à droite, les ruines d'un portique; plus sur le devant, parmi des fragments de colonnes, trois personnes vêtues à l'antique dans l'attitude du repos. Vers le milieu, les ruines du Colisée, et à gauche, des constructions bien conservées, au centre desquelles s'élève une tour.

Plus loin, les ruines d'un monument à arcades, et à l'horizon une colline.

Toile.—H. 0,97 c. L. 1,10 c.

DESPORTES

63 — Nature morte et Fruits.

A droite, sur le devant, un homard posé sur un plat derrière une corbeille remplie de fruits de toute sorte sur le sommet desquels est perché un perroquet vert aux ailes rouges et jaunes.

Au milieu, trois quartiers de viande, deux perdrix, un melon et un artichaut.

A gauche, deux choux, une botte d'asperges et un artichaut. Dans le haut, une fenêtre grillée sur le bord de laquelle sont un chat au guet et un pot en grès.

Toile.—H. 83 c. L. 1,41 c.

GREUZE (JEAN-BAPTISTE)

64 — Jeune Fille en buste.

Vue de trois quarts, les cheveux blonds relevés sur la figure et retenus en arrière par un ruban vert.

Sa chemisette blanche, rabaissée sur le haut des bras, est recouverte d'un corsage gris à reflets et bordé de jaune. Ce vêtement laisse à découvert son col et ses épaules.

Toile.—H. 48 c. L. 0.36 c.

LESUEUR (EUSTACHE)

65 — Un Miracle.

Sous le portique d'un temple, un ecclésiastique revêtu de ses habits sacerdotaux s'avance tenant le Saint-Sacrement.

Des muletiers impies sont convertis par le miracle qui s'opère devant eux : « Un mulet fléchit le genou devant la sainte hostie. »

Sur les marches du temple, une femme allaite son enfant. Derrière elle, près d'un pilier, deux hommes regardent avec étonnement.

Toile.—H. 1,20 c. L. 0,85 c.

POUSSIN (NICOLAS). Gravé.

66 — Vénus et Mercure. (Effet de nuit.)

Dans un paysage, Vénus et Mercure, placés sur un tertre recouvert de draperies, regardent avec intérêt un Amour luttant avec un jeune satyre.

A droite, un autre Amour debout, une couronne dans chaque main, attend l'issue du combat pour couronner le vainqueur. Près de lui, un groupe de quatre autres petits Amours.

Dans les airs, un Amour décochant une flèche.

Au-dessus de la déesse, une colombe prend son vol; une autre est perchée sur son char placé entre le bouquet d'arbres.

Près de Mercure, se voient son caducée, un instrument de musique et des livres.

Toile.—H. 0,98 c. L. 1,31 c.

POUSSIN (Nicolas)

67 — Nymphes et Satyres traversant un bois.

Toile.—H. 0,73 c. L. 0,96 c.

POUSSIN (Nicolas)

68 — Jésus et des Anges.

Dans un paysage, l'Enfant Jésus couché sur une draperie blanche tient une croix qu'il regarde avec tristesse.

Dans les airs, près d'un bouquet d'arbres, trois petits anges portent les instruments de la passion.

Toile.—H. 0,66 c. L. 0,49 c.

PRUD'HON (Pierre-Paul)

69 — Portrait d'un inconnu.

À l'ombre de deux arbres, il est représenté en pied, la tête nue et vêtu d'un costume marron.

Il porte la main droite sur un chapeau posé dessus un tertre. Près du chapeau est un livre.

La main gauche tenant une canne s'appuie sur la hanche.

A gauche, au loin, une vue pittoresque que l'on croit être celle d'une des extrémités de Rome.

Toile.—H. 1,67 c. L. 1,24 c.

Renou et Maulde, imprimeurs de la Compagnie des Commissaires-Priseurs, rue de Rivoli, 144.   50724

www.ingramcontent.com/pod-product-compliance
Ingram Content Group UK Ltd.
Pitfield, Milton Keynes, MK11 3LW, UK
UKHW031719170726
13836UKWH00001B/350

9 782329 536521